RICETTE PE DI CIOCCOLATO E FAT BOMBS PER PRINCIPIANTI

50+ RICETTE FACILI, SANO E DELIZIOSE

AURORA SANNA

Tutti i diritti riservati.

Disclaimer

Le informazioni contenute in i intendono servire come una raccolta completa di strategie sulle quali l'autore di questo eBook ha svolto delle ricerche. Riassunti, strategie, suggerimenti e trucchi sono solo raccomandazioni dell'autore e la lettura di questo eBook non garantisce che i propri risultati rispecchieranno esattamente i risultati dell'autore. L'autore dell'eBook ha compiuto ogni ragionevole sforzo per fornire informazioni aggiornate e accurate ai lettori dell'eBook. L'autore e i suoi associati non saranno ritenuti responsabili per eventuali errori o omissioni involontarie che possono essere trovati. Il materiale nell'eBook può includere informazioni di terzi. I materiali di terze parti comprendono le opinioni espresse dai rispettivi proprietari. In quanto tale, l'autore dell'eBook non si assume alcuna responsabilità per materiale o opinioni di terzi. A causa del progresso di Internet o dei cambiamenti imprevisti nella politica aziendale e nelle linee guida per l'invio editoriale, ciò che è dichiarato come fatto al momento della stesura di questo documento potrebbe diventare obsoleto o inapplicabile in seguito.

L'eBook è copyright © 2021 con tutti i diritti riservati. È illegale ridistribuire, copiare o creare lavori derivati da questo eBook in tutto o in parte. Nessuna parte di questo rapporto può essere riprodotta o ritrasmessa in qualsiasi forma riprodotta o ritrasmessa in qualsiasi forma senza il permesso scritto e firmato dell'autore.

SOMMARIO

SOMMARIO   2

INTRODUZIONE   6

BROWNIES E FUDGE   7
1. BROWNIES AL CIOCCOLATO E NOCCIOLE   7
2. SCEGLI BROWNIES   10
3. ROCKY ROAD BROWNIES   12
4. FUDGE DI ARACHIDI E GELATINA   15
5. FONDENTE DI MANDORLE SENZA COTTURA   17
6. RED VELVET FUDGE PROTEINBARS   19
7. FUDGE MUNCHIES   21
8. BROWNIES AL CAFFÈ GLASSATI   23
9. BLONDIES AI SEMI DI CHIA E BURRO DI NOCI PECAN   25
10. BROWNIES DI MELE   28
11. BROWNIES ALLA CORTECCIA DI MENTA PIPERITA   29
12. BARRETTE AL BURRO DI ARACHIDI KETO   31
13. BROWNIES DI ZUCCHINE PREFERITI   34
14. BROWNIES AL CIOCCOLATO E MALTO   36
15. BROWNIES TEDESCHI AL CIOCCOLATO   38
16. MATCHA GREEN TEA FUDGE   40
17. BROWNIES DI PAN DI ZENZERO   42
18. BRUFOLI AL CIOCCOLATO AL MIELE   44
19. BROWNIES ALLA MENTA   46
20. PECAN BROWNIES   48
21. BROWNIES ALLA MENTA CON SALSA AL CARAMELLO   51

22.	CIOCCOLATO E NOCE MOSCATA BROWNIE	56
23.	PEANUT BUTTER SWIRL BROWNIE	59
24.	BRUFOLI DI ZUCCA	61

CORTECCHE, COSTOLINE E TORRONE 63

25.	CORTECCIA DI BUDDHA ALLA MENTA PIPERITA	64
26.	CORTECCIA DI CIOCCOLATO CON NOCI PECAN CANDITE	68
27.	BLONDIES AI SEMI DI CHIA E BURRO DI NOCI PECAN	70
28.	MANGO ESSICCATO RICOPERTO DI CIOCCOLATO	73
29.	ASTE PRETZEL CON CIOCCOLATO BIANCO	75
30.	TORRONE AL CIOCCOLATO	77

TARTUFI DOLCI E PALLINE 79

31.	PEANUT BUTTER BALLS	80
32.	ANCHO CHILE TARTUFI	82
33.	TARTUFI AL CIOCCOLATO	84
34.	CILIEGIE RICOPERTE DI CIOCCOLATO	86
35.	FUDGE NAPOLETANO	88
36.	POLPETTE DI BROCCOLI AL FORMAGGIO	91
37.	CILIEGIE CHOCOLATE	94
38.	TORTINI ALLA MENTA	96
39.	PALLINE DI MARSHMALLOW ALLE NOCI	98
40.	PALLINE APPICCICOSE AL BURRO DI NOCCIOLE	100
41.	PALLE DI NEVE	102

BOMBE DI GRASSI DA DESSERT 105

42.	BOMBE DI GRASSO NAPOLETANE	106

44.	Pops grassi di acero e pancetta	**109**
45.	Bombe al grasso di cocco e arancia	**112**
46.	Bombe Jalapeno	**114**
47.	Bombe al grasso per pizza	**116**
48.	Bombe di grasso al burro di arachidi	**118**
49.	Barrette di bombe grasse di noci pecan d'acero 120	
50.	Bombe di pancetta al formaggio	**123**
51.	Pancetta al caramello Fat Pop	**126**

<u>CONCLUSIONE   129</u>

INTRODUZIONE

Cos'è un brownie? Il brownie è un dessert al cioccolato quadrato o rettangolare. I brownies sono disponibili in una varietà di forme e possono essere fudgy o cakey, a seconda della loro densità. Possono includere noci, glassa, crema di formaggio, gocce di cioccolato o altri ingredienti.

Cosa sono le bombe grasse? Le bombe di grasso sono dolcetti a basso contenuto di carboidrati e senza zucchero, solitamente realizzati con olio di cocco, burro di cocco, crema di formaggio, avocado e / o burro di noci. Praticamente, qualsiasi cosa ad alto contenuto di grassi, senza zucchero e con pochi carboidrati può essere trasformata in una bomba di grasso.

Che cosa sono le palline da dessert? Fondamentalmente, è una ricca confezione dolce a base di zucchero e spesso aromatizzata o combinata con frutta o noci, cosa potrebbe esserci di meglio di un dessert decadente? Uno che ha la forma di una palla!

Da qui in poi, cuocere da zero, una partita di brownies o fat bomb o una pallina da dessert sarà facile come raggiungere la roba in scatola, grazie a queste ricette.

Immergiamoci!

BROWNIES E FUDGE

1. Brownies al cioccolato e nocciole

Ingredienti:
- 1 tazza di cacao amaro in polvere
- 1 tazza di farina per tutti gli usi
- 1 cucchiaino. bicarbonato di sodio
- ¼ di cucchiaino. sale
- 2 CUCCHIAI. burro non salato
- 8 TBSP. burro
- 1 tazza e mezzo di zucchero di canna scuro, ben confezionato
- 4 uova grandi
- 2 cucchiaini. estratto di vaniglia
- ½ tazza di gocce di cioccolato al latte
- ½ tazza di gocce di cioccolato semidolce
- ½ tazza di nocciole tostate, tritate

1. Riscalda il forno a 171 ° C. Ricopri leggermente una teglia da forno da 23 × 33 cm con uno spray da cucina antiaderente e metti da parte. In una ciotola media, unisci il cacao in polvere non zuccherato, la farina per tutti gli usi, il bicarbonato di sodio e il sale. Mettere da parte.
2. A bagnomaria a fuoco basso, sciogliere burro e burro non salati. Una volta sciolto, togliere dal fuoco e incorporare lo zucchero di canna scuro. Versare la miscela di burro e zucchero nella miscela di farina e mescolare per unire.
3. In una ciotola capiente sbattere le uova e l'estratto di vaniglia con una frusta elettrica a velocità media per 1 minuto. Aggiungere lentamente la miscela di farina e burro e mescolare per un altro minuto fino a quando non è appena amalgamato. Aggiungere le gocce di cioccolato al latte, le gocce di cioccolato semidolce e le nocciole e sbattere per alcuni secondi per distribuire rapidamente.

4. Trasferire la miscela nella padella preparata e cuocere per 23-25 minuti o finché la parte superiore non appare scura e asciutta. Raffreddare completamente nella padella prima di tagliare in 24 pezzi e passare su un piatto.
5. Conservazione: conservare ben avvolto nella pellicola trasparente in frigorifero per 4-5 giorni o nel congelatore per 4-5 mesi.

2. **Scegli Brownies**

   ### Ingredienti:
   - 1/4 cucchiaino di burro
   - 1/4 cup normal butter
   - 2 uova
   - 1 tazza di estratto di vaniglia
   - 1/3 di tazza di polvere di cioccolato senza risposta
   - 1/2 cucchiaino di farina per tutti gli usi
   - 1/4 di commento in meno
   - 1/4 cucchiaino di polvere da forno

   ### Per i Frostanti:
   - 3 cucchiai di burro, a volte
   - 1 parola di più, spesso
   - 1 tavola solo
   - 1 commento vanilla extra
   - 1 tazza di zucchero dei confetti

   ### Indicazioni:
   1. Fino a 330 riduzioni F.
   2. Grasare e infarinare una superficie quadrata da 8 pollici.
   3. In una casseruola grande, a fuoco molto basso, versare 1/4 di tazza e 1/4 di tazza.
   4. Allontanarsi da lui e riprendere a stirare di zucchero, uova e 1 messaggio di vaniglia. Montare 1/3 di succo, 1/2 farina di farina, olio e polvere da sparo. Distribuire la pappa nella padella.
   5. Bake in a disposizione anche per 25-30 minuti. Non sorvolare.

   ### Per la frittura:
   Comporre 3 bicchieri più spesso e 1 cucchiaino da tè; aggiungere cucchiai di salsa, miele, 1 cucchiaino di estratto di vaniglia e 1 zucchero di zucchero. Mescolare fino a che liscio

3. Rocky Road Brownies

Resa: 12 brownies
Ingredients:
- 1/2 cup può essere infuso di fondo
- 1/8 cup burro
- 2 once di scelta non zuccherata
- 4 volte agrodolce o altro cioccolato dolce
- 3/4 cup tutto il fiorire
- 1/2 battuta di sollievo
- 1 tazza di zucchero di canna
- 2 grandi uova
- 1 cucchiaino di estratto di vaniglia
- 3/4 di tazza di mandorle tostate salse
- 1 cucchiaio di marshmallow

Indicazioni:
1. Preriscaldare il forno a 350 gradi F. Disporre una teglia quadrata da 8 pollici con un foglio di alluminio e ungere con altro grasso o verdure.
2. Melt the cannabutter, butter and chocolates over low heat in a medium acapapan mescolando frequentemente. Impostare oltre a cercare per 5 minuti.
3. Mescolare insieme la farina e altro; a parte.
4. Mescolare lo zucchero nella pentola sciolta fino a quando non si sarà ricollocato.
5. Sbattere le uova e la vaniglia e continuare a mescolare fino a quando non si avvia.
6. Mescolare la farina e il sale fino a quando non inizia.
7. Riservare 1/2 metà della migliore birra e distribuire il resto nel piano successivo.
8. Cuocere in padella per circa 20 minuti. Mentre si sta cuocendo, preparare il topping iniziando a mescolare con la pastella rimasta con le smorzate e mosse
9. Dopo che la parte migliore è stata sfornata per 20 minuti, toglierla dallo stesso.

10. Preparare i brownies al forno e tornare al forno. Cuocere per circa 10 minuti o fino a quando i marshmallow sono bruciati e uno stuzzicadenti inserito al centro esce con solo poche briciole attaccate ad esso
11. Lasciarlo in padella prima di usare la farina per sollevare i brufoli e affettarli.

4. Arachidi e Jelly Fudge

Ingredienti:
- Sciroppo d'acero, ¾ tazza
- Estratto di vaniglia, 1 cucchiaino
- Arachidi, 1/3 di tazza, tritate
- Burro di arachidi, ¾ tazza
- Ciliegie secche, 1/3 di tazza, a dadini
- Cioccolato proteico in polvere, ½ tazza

Metodo:
1. Tritate le arachidi e le ciliegie e tenetele da parte.
2. Riscaldare lo sciroppo d'acero a fuoco basso, quindi versare sopra il burro di arachidi in una ciotola. Mescolare fino a che liscio.
3. Aggiungere la vaniglia e le proteine in polvere e mescolare bene per unire.
4. Ora aggiungi le arachidi e le ciliegie e piega delicatamente ma velocemente.
5. Trasferire la pastella in una padella preparata e congelare finché non si solidifica.
6. Affetta in barrette al momento dell'impostazione e divertiti.

5. Fondente di mandorle senza cottura

Ingredienti:
- Avena, 1 tazza, macinata nella farina
- Miele, ½ tazza
- Avena veloce, ½ tazza
- Burro di mandorle, ½ tazza
- Estratto di vaniglia, 1 cucchiaino
- Vaniglia proteica in polvere, ½ tazza
- Gocce di cioccolato, 3 cucchiai di cereali di riso croccante, ½ tazza

Metodo:
a) Spruzzare una teglia da forno con spray da cucina e tenere da parte. Combina i cereali di riso con farina d'avena e avena veloce. Tenere da parte.
b) Sciogliere il burro di mandorle con il miele in una padella quindi aggiungere la vaniglia.
c) Trasferisci questa miscela nella ciotola degli ingredienti secchi e mescola bene.
d) Trasferire nella teglia preparata e uniformare con una spatola.
e) Mettete in frigorifero per 30 minuti o finché non si rassoda.
f) Nel frattempo sciogliere il cioccolato.
g) Rimuovere il composto dalla padella e cospargere di cioccolato fuso. Mettere in frigorifero di nuovo fino a quando il cioccolato non si solidifica, quindi affettarlo in barrette della dimensione desiderata.

6. Red Velvet Fudge ProteinBars

Ingredienti:

- Purea di barbabietola arrosto, 185 g
- Pasta di semi di vaniglia, 1 cucchiaino
- Latte di soia non zuccherato, ½ tazza
- Burro di noci, 128 g
- Sale rosa dell'Himalaya, 1/8 cucchiaino
- Estratto (burro), 2 cucchiaini
- Stevia cruda, ¾ tazza
- Farina d'avena, 80 g
- Proteine in polvere, 210 g

Metodo:

1. Sciogliere il burro in una casseruola e aggiungere la farina d'avena, le proteine in polvere, la purea di barbabietola, la vaniglia, l'estratto, il sale e la stevia. Mescolare fino a quando combinato.
2. Ora aggiungi il latte di soia e mescola finché non è ben incorporato.
3. Trasferire il composto in una padella e conservare in frigorifero per 25 minuti.
4. Quando il composto sarà sodo, tagliarlo in 6 barrette e gustarlo.

7. Fudge Munchies

Porzioni: 6-8

Ingredienti:
- 1/2 tazza di burro
- 1/2 tazza di burro di mandorle
- Da 1/8 a 1/4 di tazza di miele
- 1/2 banana, purè
- 1 cucchiaino. Estratto di vaniglia
- qualsiasi tipo di burro di noci
- 1/8 di tazza di frutta secca
- 1/8 di tazza di gocce di cioccolato

Indicazioni:

1. In un frullatore o in un robot da cucina, aggiungi tutti gli ingredienti. Frullare per diversi minuti fino a ottenere un composto omogeneo. 2. Versare la pastella in una teglia con il rivestimento di carta da forno.
2. Per pezzi più grandi, usa una mini teglia o raddoppia la ricetta. Mettete in frigorifero o congelate fino a quando non si solidifica. Taglia in 8 quadrati uguali.

8. Brownies al caffè glassati

- 1 c. zucchero
- 1/2 tazza burro ammorbidito
- 1/3 c. cacao in polvere
- 1 t. granuli di caffè solubile
- 2 uova sbattute
- 1 t. estratto di vaniglia
- 2/3 c. Farina per tutti gli usi
- 1/2 t. lievito in polvere
- 1/4 t. sale
- 1/2 tazza Noci tritate

1. Unisci zucchero, burro, cacao e granella di caffè in una casseruola. Cuocere e mescolare a fuoco medio fino a quando il burro non si sarà sciolto. Togliere dal fuoco; raffreddare per 5 minuti. Aggiungere le uova e la vaniglia; mescolare fino a quando non è appena combinato.
2. Unite la farina, il lievito e il sale; piegare in noci. Distribuire la pastella in una teglia da forno unta 9 "x9". Infornare a 350 gradi per 25 minuti o finché non si solidificano.
3. Raffreddare in padella su una gratella. Distribuire la glassa al cioccolato sui brownies raffreddati; affettare in barrette. Fa una dozzina.

9. Blondies ai semi di chia e burro di noci pecan

INGREDIENTI

- 2 1/4 tazze di noci pecan, arrostite
- 1/2 tazza di semi di chia
- 1/4 tazza di burro, sciolto
- 1/4 tazza di eritritolo, in polvere
- cucchiaio da tavola. SF Torani Salato

Caramello

- gocce di stevia liquida
- uova grandi
- 1 cucchiaino. Lievito in polvere
- 3 cucchiai. Crema pesante
- 1 pizzico di sale

INDICAZIONI

a) Preriscalda il forno a 350F. Misura 2 1/4 di tazza di noci pecan
b) Macina 1/2 tazza di semi di chia interi in un macina spezie fino a quando non si forma un pasto.
c) Rimuovere la farina di chia e metterla in una ciotola. Successivamente, macina 1/4 di tazza di eritritolo in un tritatutto fino a ottenere una polvere. Metti nella stessa ciotola del pasto di chia.
d) Mettere 2/3 delle noci pecan arrostite nel robot da cucina.
e) Lavorare le noci, raschiando i lati secondo necessità, fino a formare un burro di noci liscio.
f) Aggiungere 3 uova grandi, 10 gocce di stevia liquida, 3 cucchiai. SF Sciroppo Torani al caramello salato e un pizzico di sale alla miscela di chia. Mescola bene insieme.

g) Aggiungere il burro di noci pecan alla pastella e mescolare di nuovo.
h) Usando un mattarello, rompere il resto delle noci pecan arrostite in pezzi all'interno di un sacchetto di plastica.
i) Aggiungere le noci pecan tritate e 1/4 di tazza di burro fuso nella pastella.
j) Mescolare bene la pastella, quindi aggiungere 3 cucchiai. Panna pesante e 1 cucchiaino. Lievito in polvere. Mescola tutto bene insieme.
k) Misurare la pastella in una teglia 9 × 9 e lisciare.
l) Cuocere per 20 minuti o fino alla consistenza desiderata.
m) Lasciate raffreddare per circa 10 minuti. Taglia i bordi del brownie per creare un quadrato uniforme. Questo è ciò che io chiamo "il dolce dei fornai" - sì, hai indovinato!
n) Fai uno spuntino a quei ragazzacci mentre li prepari a servire a tutti gli altri. La cosiddetta "parte migliore" del brownie sono i bordi, ed è per questo che meriti di averlo tutto.
o) Servi e mangia il contenuto del tuo cuore (o meglio delle macro)!

10. Brownies di mele

- 1/2 tazza burro ammorbidito
- 1 c. zucchero
- 1 t. estratto di vaniglia
- 1 uovo, sbattuto
- 1-1/2 c. Farina per tutti gli usi
- 1/2 t. bicarbonato di sodio

a) Preriscalda il forno a 175 ° C. Ungere una pirofila da 9x9 pollici.
b) In una grande ciotola, sbatti insieme il burro fuso, lo zucchero e l'uovo fino a renderli spumosi. Incorporate le mele e le noci. In una ciotola a parte, setacciare insieme la farina, il sale, il lievito, il bicarbonato di sodio e la cannella.
c) Mescolare la miscela di farina nella miscela bagnata fino a quando non si è appena amalgamata. Distribuire uniformemente la pastella nella teglia preparata.
d) Cuocere 35 minuti in forno preriscaldato, o fino a quando uno stuzzicadenti inserito al centro risulta pulito.

11. Brownies alla corteccia di menta piperita

- 20 once pkg. brownie al cioccolato fondente
- 12 once pkg. gocce di cioccolato bianco
- 2 t. margarina
- 1-1 / 2 c. bastoncini di zucchero, schiacciati

1. Preparare e cuocere il mix per brownie secondo le indicazioni sulla confezione, utilizzando una teglia da forno unta di 13 "x9". Dopo la cottura, raffreddare completamente in padella.
2. In una casseruola a fuoco bassissimo, sciogliete le gocce di cioccolato e la margarina, mescolando continuamente con una spatola di gomma. Distribuire la miscela sui brownies; cospargere di caramelle tritate.
3. Lasciate riposare per circa 30 minuti prima di tagliare a quadrati. Fa 2 dozzine.

12. Barrette al burro di arachidi Keto

INGREDIENTI

La crosta
- 1 tazza di farina di mandorle
- 1/4 tazza di burro, sciolto
- 1/2 cucchiaino. Cannella
- 1 cucchiaio. Eritritolo
- Pizzico di sale

The Fudge
- 1/4 tazza di crema pesante
- 1/4 tazza di burro, sciolto
- 1/2 tazza di burro di arachidi
- 1/4 tazza di eritritolo
- 1/2 cucchiaino. Estratto di vaniglia
- 1/8 cucchiaino. Xanthan Gum

I condimenti
- 1/3 di tazza di cioccolato al giglio, tritato

INDICAZIONI

a) Preriscalda il forno a 400 ° F. Fai sciogliere 1/2 tazza di burro. Metà sarà per la crosta e metà per il fondente. Unire la farina di mandorle e metà del burro fuso.
b) Aggiungi eritritolo e cannella, quindi mescola insieme. Se stai usando burro non salato, aggiungi un pizzico di sale per far risaltare più sapori.
c) Mescolare fino ad ottenere un composto omogeneo e premere sul fondo di una pirofila rivestita di carta forno. Cuocere la crosta per 10 minuti o fino a quando i bordi non saranno dorati. Tiralo fuori e lascialo raffreddare.
d) Per il ripieno, unisci tutti gli ingredienti del fondente in un piccolo frullatore o robot da cucina e frulla. Puoi anche usare uno sbattitore elettrico e una ciotola.
e) Assicurati di raschiare i lati e di ottenere tutti gli ingredienti ben combinati.
f) Dopo che la crosta si è raffreddata, distribuire delicatamente lo strato di fondente fino ai lati della teglia. Usa una spatola per uniformare meglio che puoi.
g) Appena prima di raffreddare, completa le barrette con un po 'di cioccolato tritato. Questo può essere sotto forma di gocce di cioccolato senza zucchero, cioccolato fondente senza zucchero o semplicemente buon vecchio cioccolato fondente. Ho usato il cioccolato zuccherato Stevia di Lily.
h) Mettete in frigorifero per una notte o congelate se lo desiderate presto.
i) Una volta raffreddato, rimuovere le barre tirando fuori la carta forno. Cuoci in 8-10 barrette e servi! Queste barrette al burro di arachidi dovrebbero essere gustate fredde! Se li porti con te, assicurati di trasportarli in una borsa termica per tenerli fermi.

13. Brownies di zucchine preferiti

- 1/4 c. burro, sciolto
- 1 c. Brownies al burro di arachidi
- 1 uovo, sbattuto
- 1 t. estratto di vaniglia
- 1 c. Farina per tutti gli usi
- 1 t. lievito in polvere
- 1/2 t. bicarbonato di sodio
- 1 cucchiaio d'acqua
- 1/2 t. sale
- 2-1/2 cucchiai di cacao da forno
- 1/2 tazza Noci tritate
- 3/4 c. zucchine, sminuzzate
- 1/2 tazza gocce di cioccolato semidolce

a) In una ciotola grande, mescola tutti gli ingredienti tranne le gocce di cioccolato.
b) Distribuire la pastella in una teglia da forno unta 8"x8"; cospargere la pastella con gocce di cioccolato.
c) Infornate a 350 gradi per 35 minuti. Raffreddare prima di tagliare in barre. Fa una dozzina.

14. Brownies al cioccolato e malto

- 12 once pkg. gocce di cioccolato al latte
- 1/2 tazza burro ammorbidito
- 3/4 c. zucchero
- 1 t. estratto di vaniglia
- 3 uova sbattute
- 1-3 / 4 c. Farina per tutti gli usi
- 1/2 tazza latte in polvere maltato
- 1/2 t. sale
- 1 c. palline di latte al malto, tritate grossolanamente

a) Sciogliere le gocce di cioccolato e il burro in una casseruola a fuoco basso, mescolando spesso. Togliere dal fuoco; lasciare raffreddare leggermente.
b) Mescolare i restanti ingredienti tranne le palline di latte al malto nell'ordine indicato.
c) Distribuire la pastella in una teglia da forno unta di 13 "x9". Cospargere con palline di latte al malto; infornare a 350 gradi per 30-35 minuti. Freddo. Tagliare a barrette. Fa 2 dozzine.

15. Brownies tedeschi al cioccolato

- 14 once pkg. caramelle, da scartare
- 1/3 c. latte evaporato
- 18-1 / 4 oz. pkg. Preparato per torta al cioccolato tedesco
- 1 c. Noci tritate
- 3/4 c. burro, sciolto
- Da 1 a 2 c. gocce di cioccolato semidolce

a) Sciogliere i caramelli con il latte evaporato a bagnomaria. In una ciotola, unire la miscela per torta secca, le noci e il burro; mescolare fino a quando la miscela non si unisce. Premere metà della pastella in una teglia imburrata e infarinata 13 "x9".

b) Infornate a 350 gradi per 6 minuti. Sfornare; Cospargere con gocce di cioccolato e irrorare con la miscela di caramello. Spoon la pastella rimanente sopra.

c) Infornare a 350 gradi per 15-18 minuti in più. Freddo; tagliato a barre. Rende 1-1 / 2 dozzine.

16. Matcha Green Tea Fudge

Ingredienti:
- Burro di mandorle tostate, 85 g
- Farina d'avena, 60 g
- Latte di mandorle alla vaniglia non zuccherato, 1 tazza
- Proteine in polvere, 168 g
- Cioccolato fondente, 4 oz. fuso
- Tè verde Matcha in polvere, 4 cucchiaini
- Estratto di Stevia, 1 cucchiaino
- Limone, 10 gocce

Metodo:
a) Sciogliere il burro in una casseruola e aggiungere la farina d'avena, il tè in polvere, le proteine in polvere, le gocce di limone e la stevia. Mescolare bene.
b) Ora versa il latte e mescola continuamente fino a quando non è ben combinato.
c) Trasferire il composto in una teglia e conservare in frigorifero fino a quando non si solidifica.
d) Versare sopra il cioccolato fuso e riporre in frigorifero fino a quando il cioccolato non sarà sodo.
e) Taglia in 5 barrette e divertiti.

17. Brownies di pan di zenzero

- 1-1 / 2 c. Farina per tutti gli usi
- 1 c. zucchero
- 1/2 t. bicarbonato di sodio
- 1/4 c. cacao in polvere
- 1 t. zenzero macinato
- 1 t. cannella
- 1/2 t. Chiodi di garofano
- 1/4 c. burro, sciolto e leggermente raffreddato
- 1/3 c. melassa
- 2 uova sbattute
- Decorazione: zucchero a velo

a) In una ciotola capiente, unire farina, zucchero, bicarbonato di sodio, cacao e spezie. In una ciotola separata, unisci burro, melassa e uova. Aggiungere la miscela di burro alla miscela di farina, mescolando fino a quando non è appena combinata.
b) Distribuire la pastella in una teglia da forno unta di 13 "x9". Infornare a 350 gradi per 20 minuti o fino a quando uno stuzzicadenti non risulta pulito quando viene inserito al centro.
c) Raffreddare in padella su una gratella. Cospargere di zucchero a velo. Taglia a quadrati. Fa 2 dozzine.

18. Brufoli al cioccolato al miele

Ingredients:

- 1 tazza di latte o olio
- ½ cucchiaio di polvere senza risposta
- 4 uova
- 1 cup honey
- 2 risposte vanilla
- 2 tazze di farina bianca non sbiancata
- 2 risposte al piatto
- ½ suggerimento di mare
- 1 cup uva passa s
- 1 cup noci tritate

Indicazioni:
1. Preriscaldare il forno a 350 gradi F.
2. Montare il fondo, il cioccolato, la torta o la salsa e il miele insieme fino a metà. Aggiungi uova e vaniglia; mescolare bene.
3. Aggiungere gli ingredienti secchi, mescolare fino a quando non si saranno inumiditi. Aggiungi le spezie e le noci e mescola bene.
4. Versare la pastella in una teglia da forno unta 9x13 pollici. Cuocere per 45 minuti o fino a quando non si fa.
5. Tagliare in 24 eqposti comuni (circa 2‖ x 2‖), each comerving hcome 2 taiutonš di culoer = alto daltri, or cut into 48 piocosì (circa 2‖ x 1‖) = medium doese.

19. Brownies alla menta

Ingredients:

- 1 cup butter
- 6 once di cioccolato indifferenziato
- 2 cucchiai di zucchero
- 1 cucchiaino da tè in polvere
- 1 cucchiaino e mezzo di vaniglia
- ½ cucchiaino di sale
- 1½ tazza di farina
- 1 tazza di noci o noci pecan, macinate finemente
- 1 1/2 once di cioccolato alla menta
- 4 uova

Indicazioni:

1. Preriscaldare il forno.
2. In un modo mediocre, fondere burro e cioccolato fondente a bassa temperatura, mescolando costantemente. Remove from heat and leeat.
3. Ungere una padella da 9 × 13 pollici e osservare da parte. Mescolare lo zucchero nella miscela scelta nella casseruola. Va bene e anche facilmente alla miscela di cioccolato. Mescolare la vaniglia.
4. In un boccale, mescolare insieme la farina, infornare e tagliare.
5. Aggiungere la miscela di farina alla scelta della miscela fino a quando non si è mescolata. Mescolare le noci e la menta per scegliere le patatine. Mettere la pastella nella padella giusta.
6. Cuocere per 30 minuti. Raffreddare su una griglia prima di iniziare.

20. Pecan Brownies

Ingredienti:
- 1 cup butter
- 2/3 cup cioccolato
- 1 cucchiaino di estratto di vaniglia
- Orange zestt (optional)
- 5gg bianchi
- 4 anni fa
- 3/4 di tazza di zucchero
- 1/3 cup farina
- 1 cucchiaio di cocoa powder
- 1/2 tazza di noci pecan crude

Indicazioni:
1. Preriscaldare il forno a 220 gradi F.
2. Usa un bagnomaria mettendo un bowl su una pentola con acqua o calore a fuoco medio.
3. Aggiungi la tua scelta, ma, per favore, estrai e vai fino allo scozzese importante e mescola per incorporare.
4. Togli la pentola dal fuoco e metti da parte. (Non avrai più bisogno di niente da questo punto su.)
5. Metti il tuo uovo bianco in un boccale separato.
6. Sbattere le uova di bianco fino a quando non si ottengono pezzi bianchi rigidi, utilizzando un mixer elettrico o una frusta; impostare a lato.
7. Aggiungi il tuo uovo in un altro primo piatto e zucchero aggiunto. Mescolare per iniziare.
8. Aggiungi la tua miscela di scelta alla miscela di uova e gesso e si avvicina facilmente a entrambi usando una spatola.
9. Una volta iniziato, setacciare la tua farina, prendere il piatto e aggiungere le tue noci.
10. Ora il tuo soffice uovo bianco diventa bianco alla miscela, e inizia tutto insieme usando una parte. Foderare un

piatto da forno con una parte superiore e aggiungervi la miscela finale.
11. Ora infornate per 60 minuti e le vostre briciole saranno pronte.

21. Brownies alla menta con salsa al caramello

INGREDIENTI

Brownies

- 1 tazza (230 g) di burro non salato
- 2 once di cioccolato semidolce, tritato grossolanamente
- 300 g di zucchero semolato
- 1/2 tazza (100 g) di zucchero di canna chiaro confezionato
- 2 uova grandi, a temperatura ambiente
- 2 cucchiaini di puro estratto di vaniglia
- 1/2 cucchiaino di sale
- 1/2 tazza + 3 cucchiai (85 g) di farina multiuso (cucchiaio e livellato)
- 1/4 tazza (21 g) di cacao in polvere naturale non zuccherato

Strato di glassa alla menta

- 115 g di burro non salato, ammorbidito a temperatura ambiente
- 2 tazze (240 g) di zucchero a velo
- 2 cucchiai (30 ml) di latte
- 1 e 1/4 cucchiaino di estratto di menta piperita *
- opzionale: 1 goccia di colorante alimentare liquido o gel verde

Strato di cioccolato

- 115 g di burro non salato
- 1 tazza colma (circa 200 g) di gocce di cioccolato semidolce

Salsa toffee salata

- 7 TBSP. burro
- 9 TBSP. burro non salato
- 1 tazza di panna
- 1 tazza di zucchero di canna scuro, ben confezionata
- ½ cucchiaino. sale

Istruzioni

Per i brownies:

1. Sciogliere il burro e il cioccolato tritato in una casseruola media a fuoco medio, mescolando continuamente, per circa 5 minuti. Oppure sciogliere in una ciotola media adatta al microonde con incrementi di 20 secondi, mescolando dopo ciascuno, nel microonde. Togli dal fuoco, versa in una ciotola capiente e lascia raffreddare leggermente per 10 minuti.
2. Regola la griglia del forno nella terza posizione inferiore e preriscalda il forno a 177 ° C. Foderare il fondo e i lati di una teglia 9 × 13 * con un foglio di alluminio o carta forno, lasciando una sporgenza su tutti i lati. Mettere da parte.
3. Sbatti gli zuccheri granulati e marroni nella miscela di cioccolato / burro raffreddata. Aggiungere le uova, una alla volta, sbattendo fino ad ottenere un composto omogeneo dopo ogni aggiunta. Aggiungere la vaniglia. Aggiungere delicatamente il sale, la farina e il cacao in polvere. Versare la pastella nella teglia preparata e cuocere per 35-36 minuti o fino a quando i brownies iniziano a staccarsi dai bordi della teglia.
4. Una volta completamente raffreddato, sollevare la pellicola dalla padella utilizzando la sporgenza sui lati.

Metti il tutto su una teglia mentre fai la glassa. Non tagliare ancora a quadrati.

Per lo strato di glassa alla menta:

1. In una ciotola media utilizzando una planetaria o una planetaria dotata di una paletta, sbattere il burro a velocità media fino a ottenere un composto omogeneo e cremoso, circa 2 minuti. Aggiungere lo zucchero a velo e il latte. Batti per 2 minuti a bassa velocità, quindi aumenta ad alta velocità e batti per 1 minuto in più. Aggiungere l'estratto di menta piperita e il colorante alimentare (se utilizzato) e battere in alto per 1 minuto intero. Assaggia e aggiungi una o due gocce di estratto di menta piperita se lo desideri.
2. Brownies ghiacciati che hai posizionato sulla teglia e posiziona la teglia in frigorifero. Ciò consente alla glassa di "fissarsi" sopra i brownies, il che rende facile la stesura dello strato di cioccolato. Tenere in frigorifero per almeno 1 ora e fino a 4 ore.

Per lo strato di cioccolato:

1. Sciogliere il burro e le gocce di cioccolato in una casseruola media a fuoco medio, mescolando continuamente, per circa 5 minuti. Oppure sciogliere in una ciotola media adatta al microonde con incrementi di 20 secondi, mescolando dopo ciascuno, nel microonde. Una volta sciolto e liscio, versare sopra uno strato di menta.
2. Distribuire delicatamente con un coltello o una spatola offset. Mettere i brownies che sono ancora sulla teglia, in frigorifero e lasciarli raffreddare per 1 ora (e fino a 4 ore o anche per tutta la notte) per impostare il cioccolato.
3. Una volta raffreddate, toglietele dal frigorifero e tagliatele a quadretti. Per un taglio preciso, eseguire tagli molto

veloci, utilizzando un coltello grande molto affilato e asciugando il coltello con un tovagliolo di carta tra ogni taglio. I brownies vanno bene a temperatura ambiente per alcune ore. Coprite bene e conservate gli avanzi in frigorifero fino a 5 giorni.
Per la salsa Toffee:

1. In una casseruola media a fuoco medio-basso, unire il burro, il burro non salato, la panna, lo zucchero di canna scuro e il sale. Portare a ebollizione, mescolando spesso.
2. Continua a cuocere a fuoco lento per 10 minuti finché la salsa non inizia a ridursi di dimensioni e ad addensarsi. Togliere dal fuoco. Lasciar raffreddare leggermente la salsa prima di servire.

22. Cioccolato e noce moscata Brownie

Ingredients:

- 1/4 di libbra di peso
- 1/4 pound dark chocolate
- 1 tazza di zucchero bianco
- 4 uova regolari
- 1/2 cup plain flour
- Nutmeg
- Cannella
- 2 tavole di vanilla

Indicazioni

1. Premerli fino a 350 gradi F.
2. Mettere la testa a fuoco basso, poi aggiungere il cioccolato (in cubetti è qbene) e dire che con il culo sciolto; mescolare regolarmente in modo che diventi la scelta migliore!
3. Non appena il cioccolato si è sciolto completamente, dopo il primo, la noce moscata e lo zucchero bianco; mescolare e riposare per pochi minuti.
4. Aggiungi le uova, una alla volta, facendole in modo che il gesso si rompa. Continua a mescolare la miscela a fuoco lento finché non è abbastanza piccola.
5. Aggiungere la farina e il macinato fine possibile al mix. Se ti piacciono i dadi, allora puoi aggiungere un fileqQuasi un pezzo del tuo dado preferito, se lo desideri. Mescola bene; se è difficile mescolare, aggiungere un po 'di polvere di latte.
6. Metti la tua miscela in una padella unta 9 x 13 pollici se non ne hai una, allora una piccola è OK - significa solo un più denso e possibilmente un po 'più grande in essa.
7. Batti la tua miscela per 20-25 minuti, a volte è un po 'più grandequired.

8. Una volta che sembra e sembra un bel biscotto, taglialo in circa 20 secondiquare. Non importa quanti quadrati, ovviamente.
9. Dosaggio: aspetta un'ora e vedi come stai. Allora è quanto più necessario! Questi frullati hanno un sapore delizioso ed è difficile resistere a loro, ma non vuoi averne troppi e poi bianchi!

23. Peanut Butter Swirl Brownie

Ingredients:

- 2 risposte possono, spesso
- 2 cucchiai di zucchero
- 1 cucchiaio e mezzo di zucchero di canna
- 1 tabella di seguito
- 1 tuorlo d'uovo
- 3 cucchiai di farina
- Fin di poco
- Spruzzata di vaniglia
- 1 cucchiaio di miele di arachidi

Indicazioni:

1. Mescolare il tutto, zucchero, zucchero di canna, vaniglia e uovo fino a metà.
2. Mescolare il sale e la farina fino a quando non si saranno amalgamati bene. Mescolare le scelte per ultimo.
3. Versare in una pelle o in una tazza, quindi eseguire il topping con una noce di cocco.
4. Agitare leggermente con un coltello da culo.
5. 5,75 passi nel microwave fino a quando non si fa.

24. Brufoli di zucca

Ingredients:
- 2/3 cup packed brown sugar
- 1/2 zucca e zucca
- 1 uovo intero
- 2 bianchi d'uovo
- 1/4 cup cannabutter
- 1 tazza di farina integrale
- 1 lezione di cottura al forno
- 1 cucchiaino di cacao amaro in polvere
- 1/2 cucchiaino da tè macinato ogni tanto
- 1/2 cucchiaino di polvere macinata
- 1/4 di commento in meno
- 1/4 di degustazione di noce moscata g
- 1/3 di pezzi di cioccolato semidolce

Indicazioni:

1. Preriscaldare il forno a 350 gradi F.
2. In un lungo boccale di miscelazione, unire lo zucchero di canna, la zucca, l'uovo intero, l'uovo bianco e l'olio.
3. Batti con una frusta elettrica a fuoco medio fino a quando non si ottiene.
4. Aggiungere la farina, la farina da forno, la salsa in polvere, la cannabis, il pimento, la noce di cocco e la noce moscata
5. È rimasto basso fino a qualche minuto. Mescolare in diverse scelte scelte.
6. Spruzzare 11 × 7 pollici di cottura con rivestimento antiriflesso.
7. Pour batter in pan. Soprattutto.
8. Bake 15 to 20 minuti o fino a quando un tooooothpick non viene inserito near, l'altro viene fuori a posto.

CORTECCHE, COSTOLINE E TORRONE

25. Corteccia di Buddha alla menta piperita

Ingredients:
- 12 pezzi di cioccolato bianco
- 6 scelte semidolce
- 4 cucchiai di olio di noci
- ½ cucchiaino di estratto di menta piperita
- 3 caramelle possono (crostate)

- Indicazioni

1. Disporre una teglia da 9 × 9 pollici con un po 'di pergamena o un foglio di alluminio, assicurandosi di rovinare il fondo sugli lati del piano e su qualsiasi rughe come te ne vai. Questa interruzione garantirà una rapida pulizia e consentirà anche alla corteccia di menta piperita di sbarazzarsi facilmente del piano quando arriva il momento di introdurla in parti individuali.
2. Mettere insieme le scelte semidolci e le scelte bianche. Per fare questo, creare un doppio bagno utilizzando una ciotola di acqua calda e una di conseguenza riempita di acqua. Scegli un boccale che si adatta perfettamente alla parte superiore della casseruola (non utilizzare un boccale che si trova in modo precario sul piano). Vorresti anche assicurarti che il fondo del gufo non faccia il rumore o rischi di bruciare la scelta.
3. Inoltre, questa risposta utilizza 3 strati di cioccolato per il cioccolato (bianco, alternativamente, bianco). Sentiti libero di cambiareqQuante cose della scelta e invertire il senso (semidolce, bianco, alternativamente) se così per favore!
4. Portare l'acqua in seguito a un altro, e mettere il boccale di cioccolato contenente il cioccolato bianco in seguito a questo punto.
5. Mettere le patatine bianche scelte fino a quando non sono piccole

6. Aggiungere 4 cucchiai di olio essenziale di noce e ½ cucchiaino di estratto di menta piperita.
7. Mescolare fino a quando entrambi gli oli sono completamente disciolti nel cioccolato bianco. Oltre a medicare la carne, la noce di cocco creerà anche una bella lucentezza nella corteccia e le consentirà di avere un buon schioccoll quando breare su the piocosì.
8. Una volta che il colore bianco è stato scelto, la scelta è di nuovo un po 'di nuovo, la nostra metà nel piano preparato. Inclinare il piano dopo che si è in mezzo al bianco medio, scegliere di assicurare anche un rivestimento / primo strato.
9. Metti il posto nel frigorifero e consenti il primo strato di scelta a fine corsa, circa 30 minuti o giù di lì.
10. Mentre il tuo primo pasticcino è impostato, ripeti i passaggi sopra indicati in precedenza per preparare una seconda volta e due volte la caldaia per i tuoi pezzi di cioccolato semidolce.
11. Una volta che le tue scaglie di cioccolato semidolci sono state completamente addolcite, rimuovi il boccale dal bagnomaria.
12. Prendi la padella per mettere il primo piatto di scelta bianca dal frigorifero e preparati a prendere l'intero piatto di scaglie di cioccolato fondente, anche se prima. È estremamente importante che lo strato iniziale di scelta bianca sia abbastanza difficile, poiché l'intromissione del secondo strato farà sì che si mescolino se non è la causa
13. Distribuire la seconda e la seconda volta di più volte, scegliere le fiches su tutto il piano usando un coltello o un coltello.
14. Metti il piatto in frigorifero come vuoi per la seconda volta di cioccolato per iniziare, ancora una volta circa 30 minuti o così.
15. Quando è arrivato il secondo strato di scelta, aggiungere il terzo e il terzo strato di bianco scegliere sopra lo strato più sottile. Distribuire questo terzo strato in modo uniforme con una spatola.

16. Mettere le caramelle in un sacchetto con cerniera lampo e prenderle in pezzi metallici usando la tazza di un mestolo o uno spillo.
17. Strisciare le canne sopra il terzo e ultimo strato di bianco, scegliere di coprire l'intera superficie, e poi posizionare il piatto nel frigorifero fresco fino a 1 minuto.
18. Quando si può mangiare, togliere il pane dal frigorifero e ripiegare sugli altri lati dell'alluminio - il martello dovrebbe sollevarsi direttamente dal piano!
19. Metti il pacco in posti individuali e impacchettali per darli come regalo, o ascoltali immediatamente alle tue risposte!

26. Corteccia di cioccolato con noci pecan candite

Ingredienti:
- 2 CUCCHIAI. burro
- 1 tazza di noci pecan a metà
- 2 CUCCHIAI. zucchero di canna chiaro o scuro, ben confezionato
- 2 tazze di gocce di cioccolato fondente
- 2 CUCCHIAI. zenzero cristallizzato

Indicazioni
1. In una piccola casseruola a fuoco basso, scaldare il burro per 2 o 3 minuti o fino a completo scioglimento. Aggiungere le metà delle noci pecan e mescolare per 3-5 minuti fino a quando non diventa fragrante e ricco di noci. Mescolare lo zucchero di canna chiaro, mescolando continuamente, per circa 1 minuto o fino a quando le noci pecan sono ricoperte in modo uniforme e hanno iniziato a caramellare. Togliere dal fuoco.
2. Distribuire le noci pecan caramellate su carta forno e lasciar raffreddare. Tritare grossolanamente le noci pecan e metterle da parte.
3. A bagnomaria a fuoco medio, mescolare le gocce di cioccolato fondente per 5-7 minuti o fino a quando non si saranno completamente sciolte.
4. Su una teglia rivestita di carta forno spalmate il cioccolato fuso.
5. Cospargere uniformemente le noci pecan caramellate e lo zenzero cristallizzato. Mettere da parte per 1 o 2 ore o finché il cioccolato non si è solidificato. Taglia o spezza la corteccia in 6 pezzi pari.
6. Conservazione: conservare coperto in un contenitore ermetico in frigorifero per un massimo di 6 settimane o nel congelatore per un massimo di 6 mesi.

27. Blondies ai semi di chia e burro di noci pecan

INGREDIENTI

- 2 1/4 tazze di noci pecan, arrostite
- 1/2 tazza di semi di chia
- 1/4 tazza di burro, sciolto
- 1/4 tazza di eritritolo, in polvere
- 3 cucchiai. SF Torani Caramello Salato
- gocce di stevia liquida
- 3 uova grandi
- 1 cucchiaino. Lievito in polvere
- 3 cucchiai. Crema pesante
- 1 pizzico di sale

INDICAZIONI

1. Preriscalda il forno a 350F. Misura 2 1/4 di tazza di noci pecane infornate per circa 10 minuti. Quando senti un aroma di nocciola, rimuovi le noci
2. Macina 1/2 tazza di semi di chia interi in un macina spezie fino a quando non si forma un pasto.
3. Rimuovere la farina di chia e metterla in una ciotola. Successivamente, macina 1/4 di tazza di eritritolo in un tritatutto fino a ottenere una polvere. Metti nella stessa ciotola del pasto di chia.
4. Mettere 2/3 delle noci pecan arrostite nel robot da cucina.
5. Lavorare le noci, raschiando i lati secondo necessità, fino a formare un burro di noci liscio.
6. Aggiungere 3 uova grandi, 10 gocce di stevia liquida, 3 cucchiai. SF Sciroppo Torani al caramello salato e un pizzico di sale alla miscela di chia. Mescola bene insieme.

7. Aggiungere il burro di noci pecan alla pastella e mescolare di nuovo.
8. Usando un mattarello, rompere il resto delle noci pecan arrostite in pezzi all'interno di un sacchetto di plastica.
9. Aggiungere le noci pecan tritate e 1/4 di tazza di burro fuso nella pastella.
10. Mescolare bene la pastella, quindi aggiungere 3 cucchiai. Panna pesante e 1 cucchiaino. Lievito in polvere. Mescola tutto bene insieme.
11. Misurare la pastella in una teglia 9 × 9 e lisciare.
12. Cuocere per 20 minuti o fino alla consistenza desiderata.
13. Lasciate raffreddare per circa 10 minuti. Taglia i bordi del brownie per creare un quadrato uniforme. Questo è ciò che io chiamo "il dolce dei fornai" - sì, hai indovinato!
14. Fai uno spuntino a quei ragazzacci mentre li prepari a servire a tutti gli altri. La cosiddetta "parte migliore" del brownie sono i bordi, ed è per questo che meriti di averlo tutto.
15. Servi e mangia il contenuto del tuo cuore (o meglio delle macro)!

28. Mango essiccato ricoperto di cioccolato

Ingredienti:
- 1 tazza di gocce di cioccolato fondente
- 2 CUCCHIAI. olio di cocco
- 12 pezzi grandi di mango essiccato non zuccherato
- 6 TBSP. cocco grattugiato (facoltativo)

Indicazioni
1. Foderate una teglia con carta da forno e mettete da parte. A bagnomaria a fuoco medio, unire le gocce di cioccolato fondente e l'olio di cocco.
2. Mescolare per 5-7 minuti o fino a quando il cioccolato è completamente sciolto e completamente combinato con l'olio di cocco. Togliere dal fuoco.
3. Con una forchetta o con le mani, immergi ogni pezzo di mango nel cioccolato fuso e lascia che l'eccesso goccioli nuovamente nella ciotola. Posizionare i pezzi di mango immersi sulla teglia preparata.
4. Cospargere il cocco grattugiato (se utilizzato) sui pezzi di mango immersi. Mettete in frigorifero per 30 minuti o fino a quando il cioccolato non si è solidificato.
5. Conservazione: conservare coperto in un contenitore ermetico in frigorifero per un massimo di 6 settimane o nel congelatore per un massimo di 6 mesi.

29. Aste pretzel con cioccolato bianco

Ingredienti:
- ¼ di tazza di caramelle mou
- 1 tazza di cioccolato bianco si scioglie
- 2 CUCCHIAI. burro
- 6 aste di pretzel

Indicazioni

1. Foderate una teglia con carta da forno e mettete da parte. Versare i pezzetti di caramello su un piatto basso vicino alla teglia.
2. A bagnomaria a fuoco medio, unire il cioccolato bianco si scioglie e il burro, mescolando di tanto in tanto, per 5-7 minuti fino a quando il cioccolato bianco è completamente sciolto.
3. Immergere ¾ di ciascuna bacchetta di pretzel nel cioccolato bianco fuso, lasciando che il cioccolato in eccesso goccioli nuovamente nella pentola.
4. Arrotolare ogni asta di pretzel in pezzetti di caramello e disporli sulla teglia preparata. Lasciar riposare per almeno 30 minuti.
5. Conservazione: conservare in frigorifero in un contenitore ermetico per un massimo di 1 mese.

30. Torrone al cioccolato

Ingredienti:
- ¾ tazza di zucchero semolato
- ⅓ tazza di sciroppo di mais leggero
- ¼ di tazza di pistacchi tritati
- ¾ tazza di mandorle affettate
- 2 CUCCHIAI. burro
- 1 tazza di gocce di cioccolato fondente

Indicazioni

1. Foderate una teglia con carta da forno e mettete da parte. In una casseruola media a fuoco medio, mescolare lo zucchero e lo sciroppo di mais leggero per 5-7 minuti fino a quando la miscela si è sciolta e inizia a caramellare.
2. Mescolare i pistacchi, le mandorle e il burro e mescolare per 2 o 3 minuti per tostare leggermente le mandorle. (Non bollire.)
3. Trasferire il composto di torrone sulla teglia preparata e guarnire con un altro foglio di carta da forno. Distribuire uniformemente con un mattarello fino a uno spessore di circa ½ pollice (1,25 cm). Tagliate in 12 pezzi.
4. A bagnomaria a fuoco medio, scaldare le gocce di cioccolato fondente per 5-7 minuti o finché non si sciolgono.
5. Immergere i pezzi di torrone nel cioccolato fuso, coprendo solo metà del torrone, e tornare nella teglia rivestita di carta da forno. Lasciar riposare il cioccolato per almeno 1 ora.
6. Conservazione: conservare in un contenitore ermetico per un massimo di 1 settimana.

TARTUFI DOLCI E PALLINE

31. Peanut Butter Balls

Articoli necessari:
- Mescolando bowl
- Double boiler
- Prova
- Wax paper
- Troppo

Ingredients:
- 1 1/2 tazza di nocciola
- 1 busto cannabutter (hardened)
- 4 pezzi di suga r
- 1 1/3 fa Graham cracker crumbs
- 2 tazze alternate scelte
- 1 tabella di accorciamento

Direttive:

1. Metti il calcio di arachidi e il cannello in un grande boccale di miscelazione. Lentamente blend nello zucchero delle sostanze nutritive, assicurandosi che non si misuri. Aggiungere le briciole di cioccolato e mescolare fino a quando non diventa abbastanza scivoloso da formare delle palline.
2. Crea palline da un pollice di diametro.
3. Mettere il cioccolato in pezzi e accorciare in una doppia ciotola. Metti uno stuzzicadenti in ogni palla e poi immergili uno per uno nella miscela di cioccolato.
4. Metti le palle sbagliate scelte in un secondo momento. Lasciare in frigorifero per circa 30 minuti finché le palline non sono completamente scivolate.

32. Ancho chile tartufi

Ingredienti:
- ⅔ tazza di panna
- 5 TBSP. burro
- 3 cucchiaini. ancho chile in polvere
- 2 cucchiaini. cannella in polvere
- Un pizzico di sale
- ½ libbra (225 g) di cioccolato agrodolce, tritato
- 1 cucchiaino. polvere di cacao

Indicazioni
1. Rivesti una teglia da forno da 23 × 33 cm con carta da forno e metti da parte. In una casseruola media a fuoco medio-basso, unire la panna, 3 cucchiai di burro, 2 cucchiaini di ancho chile in polvere, la cannella e il sale. Portare la miscela a ebollizione, coprire e togliere dal fuoco. Lasciar riposare per 2 ore.
2. Riporta la casseruola a fuoco medio-basso. Una volta che avrà raggiunto il bollore, togliere dal fuoco e aggiungere il cioccolato agrodolce e i 2 cucchiai rimanenti di burro. Mescolare per 2 o 3 minuti o fino a quando il cioccolato si è sciolto e il composto è liscio. Versate nella teglia preparata e lasciate raffreddare in frigorifero per 4 ore.
3. Usando un cucchiaio e le mani, forma il composto in 16 palline da 2,5 cm. Mettere le palline su una teglia pulita rivestita di carta da forno e lasciare raffreddare in frigorifero per 30 minuti.
4. In una piccola ciotola, unire il restante 1 cucchiaino di ancho chile in polvere e il cacao in polvere. Arrotolare le palline in polvere e riporle sulla carta forno.
5. Conservazione: consumare lo stesso giorno a temperatura ambiente o conservare in un contenitore ermetico in frigorifero per un massimo di 1 settimana.

33. Tartufi al cioccolato

Tempo di preparazione: 15-20 minuti
Tempo di cottura: 0 minuti
Porzioni: 10-12

Ingredienti:
- ½ tazza di burro ammorbidito
- ½ tazza di zucchero a velo
- ¼ tazza di cacao amaro in polvere
- ½ tazza di farina di mandorle
- Un pizzico di sale grosso
- Estratto di mandorle tritate
- Estratto di vaniglia un po'
- 24 mandorle intere, tostate nel burro e sale
- 1 tazza di cocco grattugiato non zuccherato

Indicazioni:

1. Foderare una teglia con carta da forno. In una ciotola mettete tutti gli ingredienti preparati tranne le mandorle intere e il cocco e mescolate delicatamente fino ad ottenere un composto abbastanza omogeneo.
2. Arrotolare i cucchiaini della miscela tra i palmi delle mani fino a formare delle palline. (Lavorare velocemente, poiché il burro diventa molto morbido velocemente. Riporre in frigorifero per qualche minuto se il composto diventa troppo morbido.)
3. Se usi le mandorle tostate, infilane una al centro di ciascuna e arrotolale di nuovo velocemente per lisciare le cose.
4. Metti il cocco in una ciotola e rotola le palline nel cocco fino a quando non sono ricoperte. Posizionare sulla teglia e conservare in frigorifero per rassodare. Conserva i munchies in un contenitore di vetro in frigorifero.

34. Ciliegie ricoperte di cioccolato

Tempo di preparazione: 1 ½ ora.
Tempo di cottura: 5 minuti
Porzioni: 12

Ingredienti:
- 24 ciliegie con gambo (togli le noccioline o usa quelle essiccate)
- 1 tazza di gocce di cioccolato al latte
- 1 tazza di gocce di cioccolato fondente
- ¼ tazza di olio di cocco

Indicazioni:

1. In una ciotola adatta al microonde, riscaldare le gocce di cioccolato fondente, le gocce di cioccolato al latte e l'olio di cocco.
2. Riscaldare la miscela per intervalli di 20 secondi e mescolare a turno fino a quando non si sarà finalmente sciolta.
3. Assicurati che il cioccolato non sia troppo caldo. Coprite le ciliegie con il cioccolato e lasciate sgocciolare il cioccolato in eccesso. Adagia le ciliegie su un foglio di carta cerata.
4. Una volta che tutte le ciliegie sono pronte, trasferitele in frigorifero per 1 ora
5. Se lo desideri, ricopri due volte le ciliegie (trasferisci di nuovo in frigorifero) Buon divertimento!

35. Fudge napoletano

INGREDIENTI
- ½ tazza di burro ammorbidito
- 1/2 tazza di olio di cocco
- 1/2 tazza di panna acida
- 1/2 tazza di crema di formaggio
- 2 cucchiai. Eritritolo
- 25 gocce di stevia liquida
- 2 cucchiai. Polvere di cacao
- 1 cucchiaino. Estratto di vaniglia
- 2 fragole medie

INDICAZIONI
1. In una ciotola, unisci burro, olio di cocco, panna acida, crema di formaggio, eritritolo e stevia liquida.
2. Usando un frullatore ad immersione, unisci gli ingredienti fino a ottenere un composto omogeneo.
3. Dividi il composto in 3 ciotole diverse. Aggiungi il cacao in polvere in una ciotola, le fragole in un'altra ciotola e la vaniglia nell'ultima ciotola.
4. Mescolare nuovamente tutti gli ingredienti utilizzando un frullatore ad immersione. Separare la miscela di cioccolato in un contenitore con beccuccio.
5. Versare il composto di cioccolato in uno stampo per bombe grasse. Mettere in freezer per 30 minuti, quindi ripetere con il composto di vaniglia.
6. Congela la miscela di vaniglia per 30 minuti, quindi ripeti il processo con la miscela di fragole. Congela di nuovo per almeno 1 ora.

7　Una volta che sono completamente congelati, rimuovi dagli stampini delle bombe grasse.

36. Polpette di broccoli al formaggio

INGREDIENTI

Le frittelle
- 250 g di burro fuso
- 3/4 tazza di farina di mandorle
- 1/4 tazza + 3 cucchiai. Farina Di Semi Di Lino
- oz. Broccoli freschi
- oz. Formaggio mozzarella
- 2 uova grandi
- 2 cucchiaini. Lievito in polvere
- Sale e pepe a piacere

INDICAZIONI

1. Aggiungere i broccoli a un robot da cucina e frullare fino a quando i broccoli non si saranno rotti in piccoli pezzi. Vuoi che sia ben elaborato.
2. Mescolare il formaggio, la farina di mandorle, il burro, la farina di semi di lino e il lievito con i broccoli. Se vuoi aggiungere qualche condimento extra (sale e pepe), fallo a questo punto.
3. Aggiungere le 2 uova e mescolare bene fino a incorporare tutto.
4. Arrotolare la pastella in palline e poi ricoprire con farina di semi di lino.
5. Continua a farlo con tutta la pastella e metti da parte su carta assorbente.
6. Riscalda la tua friggitrice a 375F. Uso questa friggitrice. Una volta pronte, adagiare le frittelle di broccoli e formaggio all'interno del cestello, senza sovraffollarlo.

7 Friggere le frittelle fino a doratura, circa 3-5 minuti. Una volta fatto, adagiare su carta assorbente per scolare il grasso in eccesso e condire secondo i vostri gusti.

8 Sentiti libero di preparare una salsa piccante con aneto e maionese al limone. Godere

37. Ciliegie Chocolate

Ingredients:
- 1 cup dark chocolate chips
- 1 fetta di cioccolato al latte
- ¼ di tazza di olio di cocco
- 24 scelte con i gambi (sono state mostrate e asciugate; se usate altre cose, ricordate di rimuovere la parte!)

Indicazioni:
1. Scegliete il latte, scaldate le scelte e l'olio di noci in una ciotola pulita. Rimuovere e mescolare ogni 20 volte fino a quando non si è addensato. La scelta dovrebbe essere warm ma non hot.
2. Fai asciugare le cose con gli steli in scelta, una alla volta, consentendo alla scelta in eccesso di gocciolare nella ciotola.
3. Impostare le opzioni su un luogo in cui asciugare. Ripeti fino a quando tutte le cause sono state risolte. SAVE EXTRA SCELTA SUL LATO
4. Mettere le ciliegie in frigorifero per 1 ora.
5. Risalite il cioccolato e rimuovete le ciliegie dal frigorifero.
6. Immergere ogni piatto nella salsa scelta per una seconda volta. Rimettere le ciliegie in frigorifero per raffreddarle 1 ora prima di iniziare.

38. Tortini alla menta

Ingredienti:
- ½ tazza di sciroppo di mais leggero
- 2 cucchiaini di estratto di menta piperita
- ½ tazza di burro ammorbidito
- 2 gocce di colorante alimentare (facoltativo)
- 9 tazze di zucchero a velo setacciato (circa 2 libbre)

Indicazioni:

1. Usa una terrina per mescolare lo sciroppo di mais, l'estratto di menta piperita e il burro al forno o la margarina leggermente sciolti. Quindi aggiungere lo zucchero, poco alla volta, e incorporarlo al composto. Aggiungi la quantità di colorante alimentare per ottenere il colore desiderato e mescola bene.
2. Arrotolare questa miscela in piccole palline. Disporli a pochi centimetri l'uno dall'altro su una teglia rivestita con carta oleata. Usa una forchetta per renderle piatte.
3. Lasciate riposare le polpette alla menta in frigorifero per diverse ore. Togli le polpette dal frigorifero e lasciale asciugare a temperatura ambiente per diversi giorni.
4. Dopo qualche giorno, quando le polpette saranno secche, trasferitele in un contenitore con coperchio ermetico e conservatele in frigorifero.

39. Palline di marshmallow alle noci

Ingredients:
- 2 once di culo
- 2 cucchiai di cacao
- 3 tazze di latte condensato
- 2 cucchiai di zucchero bruno
- 1/8 una volta finemente macinato può o può essere di alta qualità
- 6 once di noce di cocco essiccata
- 5 once un po 'di marshmallow bianco

Indicazioni:

1. Dopo aver sciolto il burro in una padella, mescolare la salsa, il latte, lo zucchero e l'hashish. Continuare ad andare avanti, iniziando in seguito, finché le cose non si sono fuse insieme. Stai molto attento a non toccarlo.
2. Lontani dalla testa e poi dalla maggior parte della noce, basta solo per una decisione finale. Ora dividi la tua miscela in 15 palline di dimensioni simili, e poi appiattiscile appena abbastanza per essere sbattuto intorno a un qualcosa di simile.
3. Dopo aver bevuto un marshmallow, rimuovili ciascuno nella tua noce di cocco rimanente fino a quando non è stata applicata una ricetta genuina.
4. Si consiglia di mangiare solo 1-2 a persona, per favorire le loro storie.

40. Palline appiccicose al burro di nocciole

Resa: 15 palline appiccicose

Ingredienti:

- 250 g di burro fuso
- 225 g circa
- 250 g di burro di arachidi
- 3 cucchiai di miele
- 2 cucchiai ground cinnamo n
- 2 cucchiai di cacao in polvere

Indicazioni:

1. Metti tutti gli ingredienti in una ciotola grande e mescola fino a quando tutto è mescolato.
2. Mettere il mix in frigorifero e lasciarlo per 10-20 minuti.
3. Modellare la miscela in sfere individuali, alla dimensione della vostra occasione. Dopo di che, rilasciarlo su qualche cera da impostare.
4. Alcuni preferiscono aggiungere altri ingredienti, come ad esempio walnuts, raisins, Rice Krispies o Corn Flakes, solo per sperimentare.
5. È possibile aggiungere più avena se si trova il risultato finale un po 'troppo appiccicoso e buono, oppure aggiungere più olio o burro di arachidi se si rivela troppo secco. Si tratta solo di essere attivi e di aggiungere il proprio tocco a questa decisione.
6. Una volta fatto, ora sei pronto per servire questa ricetta vera, che può essere mangiata per dessert, uno spuntino o quasi in qualsiasi momento della giornata che scegli di avere un piatto.
7. Godere!

41. Palle di neve

Tempo di preparazione: 1 ½ ora.
Tempo di cottura: 20-25 minuti
Porzioni: 12

Ingredienti:
- 1 tazza di burro, ammorbidito
- 1/4 tazza di zucchero
- 1 cucchiaino. puro estratto di vaniglia
- 2 tazze di farina per tutti gli usi
- 2 cucchiai. amido di mais
- 1 tazza di mandorle tostate non salate, tritate finemente
- 1/4 cucchiaino. sale
- 1 tazza di zucchero a velo per ricoprire

Indicazioni:

1. Utilizzando un robot da cucina o uno sbattitore a mano, sbattere il burro con 1/4 di tazza di zucchero fino a renderlo cremoso. Aggiungi l'estratto di vaniglia. Sbattere delicatamente la farina, l'amido di mais, le mandorle tostate e il sale fino a quando non sono ben amalgamati. Avvolgere in pellicola trasparente e conservare in frigorifero per un'ora. Preriscaldare il forno a 325 °, tirare fuori dal frigorifero l'impasto freddo e ottenere circa un cucchiaio. di pasta quindi modellarlo in una palla da 1 pollice.
2. Disporre le palline sulla teglia da forno a circa 1 pollice di distanza. Cuocere i biscotti sul ripiano centrale del forno per 20 minuti, o finché non saranno dorati e solidificati. Riempi una ciotola poco profonda con 1 tazza di zucchero a velo setacciato. Lasciar raffreddare per circa 5 minuti e, una volta raffreddati abbastanza da poterli toccare, arrotolare i biscotti nello zucchero a velo e

metterli da parte sulla griglia rivestita di carta da forno per farli raffreddare completamente. Quando è freddo, spolverare di nuovo nello zucchero a velo e conservare in un contenitore ermetico.

BOMBE DI GRASSI DA DESSERT

42. Bombe di grasso napoletane

INGREDIENTI

- 1/2 tazza di burro
- 1/2 tazza di olio di cocco
- 1/2 tazza di panna acida
- 1/2 tazza di crema di formaggio
- 2 cucchiai. Eritritolo
- 25 gocce di stevia liquida
- 2 cucchiai. Polvere di cacao
- 1 cucchiaino. Estratto di vaniglia
- 2 fragole medie

INDICAZIONI

a) In una ciotola, unisci burro, olio di cocco, panna acida, crema di formaggio, eritritolo e stevia liquida.
b) Usando un frullatore ad immersione, unisci gli ingredienti fino a ottenere un composto omogeneo.
c) Dividi il composto in 3 ciotole diverse. Aggiungi il cacao in polvere in una ciotola, le fragole in un'altra ciotola e la vaniglia nell'ultima ciotola.
d) Mescolare nuovamente tutti gli ingredienti utilizzando un frullatore ad immersione. Separare la miscela di cioccolato in un contenitore con beccuccio.
e) Versare il composto di cioccolato in uno stampo per bombe grasse. Mettere in freezer per 30 minuti, quindi ripetere con il composto di vaniglia.
f) Congela la miscela di vaniglia per 30 minuti, quindi ripeti il processo con la miscela di fragole. Congela di nuovo per almeno 1 ora.

g) Una volta che sono completamente congelati, rimuovi dagli stampini delle bombe grasse.

44. Pops grassi di acero e pancetta

INGREDIENTI

- 2 cucchiai di burro di cocco
- Cake Pops Al Bacon D'acero
- 6 Oz. Hamburger Affumicatoio Country Bacon
- 5 uova grandi, separate
- 1/4 tazza di sciroppo d'acero
- 1/2 cucchiaino. Estratto di vaniglia
- 1/4 tazza di eritritolo
- 1/4 cucchiaino. Stevia liquida
- 1 tazza di farina di mandorle Honeyville
- 2 cucchiai. Buccia di psillio in polvere
- 1 cucchiaino. Lievito in polvere
- 1/2 cucchiaino. Crema di Tartaro
- Glassa al caramello salato 5 cucchiai. Burro
- 5 cucchiai. Crema pesante
- 2 1/2 cucchiai. Caramello Salato Senza Zucchero Torani

INDICAZIONI

1. Affetta 6 Oz. Burgers 'Smokehouse Country Bacon in piccoli pezzi.
2. Congelare la pancetta per 30 minuti prima o usare le forbici normalmente aiuta in questo processo.
3. Riscaldare una padella a fuoco medio-alto e cuocere la pancetta fino a renderla croccante.
4. Una volta croccante, togliete la pancetta dalla padella e lasciate asciugare su carta assorbente. Conserva il grasso di pancetta in eccesso per soffriggere le verdure o altre carni.

5. Preriscaldare il forno a 325F. In 2 ciotole separate, separare i tuorli d'uovo dagli albumi di 5 uova grandi.
6. Nella ciotola con i tuorli d'uovo, aggiungi 1/4 tazza di sciroppo d'acero, 1/4 tazza di eritritolo, 1/4 cucchiaino. stevia liquida e 1/2 cucchiaino. estratto di vaniglia.
7. Usando uno sbattitore a mano, mescola insieme per circa 2 minuti. I tuorli d'uovo dovrebbero diventare di colore più chiaro.
8. Aggiungere 1 tazza di farina di mandorle Honeyville, 2 cucchiai. Buccia di psillio in polvere, 2 cucchiai. burro di cocco e 1 cucchiaino. lievito in polvere.
9. Mescola di nuovo fino a formare una pastella densa.
10. Lavare le fruste dello sbattitore a mano nel lavandino per assicurarsi che tutte le tracce di grasso vengano rimosse dalle fruste.
11. Aggiungi 1/2 cucchiaino. cremor tartaro agli albumi.
12. Montare gli albumi con uno sbattitore a mano fino a formare picchi solidi.
13. Aggiungere 2/3 di pancetta croccante alla pastella per cake pop.
14. Aggiungere circa 1/3 degli albumi alla pastella e mescolare in modo aggressivo.

45. Bombe al grasso di cocco e arancia

INGREDIENTI

- 1/2 tazza di olio di cocco
- 1/2 tazza di panna montata pesante
- 4 once. Crema di formaggio
- 1 cucchiaino. Arancia Vaniglia Mio
- gocce di stevia liquida

INDICAZIONI

1. Misura l'olio di cocco, la panna e il formaggio spalmabile.
2. Usa un frullatore ad immersione per amalgamare tutti gli ingredienti. Se hai difficoltà a frullare gli ingredienti, puoi metterli nel microonde per 30 secondi a 1 minuto per ammorbidirli.
3. Aggiungere Orange Vanilla Mio e stevia liquida alla miscela e mescolare con un cucchiaio.
4. Distribuire la miscela in un vassoio di silicone (il mio è un fantastico vassoio per cubetti di ghiaccio di Avenger) e congelare per 2-3 ore.
5. Una volta indurito, togliere dalla teglia in silicone e riporre in freezer. Godere!

46. Bombe Jalapeno

INGREDIENTI

- 1 tazza di burro, ammorbidito
- 3 oz. Crema di formaggio
- 3 fette di pancetta
- 1 peperoncino jalapeno medio
- 1/2 cucchiaino. Prezzemolo secco
- 1/4 cucchiaino. Cipolla in polvere
- 1/4 cucchiaino. Polvere d'aglio
- Sale e pepe a piacere

INDICAZIONI

1. Friggere 3 fette di pancetta in una padella fino a renderle croccanti.
2. Rimuovere la pancetta dalla padella, ma conservare il grasso rimanente per un uso successivo.
3. Aspetta che la pancetta si sia raffreddata e croccante.
4. Rimuovere i semi di un peperoncino jalapeño e poi tagliarlo a pezzetti.
5. Unisci la crema di formaggio, il burro, il jalapeño e le spezie. Condite con sale e pepe a piacere.
6. Aggiungere il grasso di pancetta e mescolare fino a formare un composto solido.
7. Sbriciolare la pancetta e adagiarla su un piatto. Arrotolare la miscela di crema di formaggio in palline usando la mano, quindi rotolare la pallina nella pancetta.

47. Bombe al grasso per pizza

INGREDIENTI

- 4 once. Crema di formaggio
- fette di peperoni
- Olive Nere denocciolate
- 2 cucchiai. Pesto Di Pomodori Secchi

INDICAZIONI

1. Tagliate a dadini i peperoni e le olive.
2. Mescolare basilico, pesto di pomodoro e crema di formaggio.
3. Aggiungere le olive e i peperoni alla crema di formaggio e mescolare di nuovo.
4. Formare delle palline, quindi guarnire con peperoni, basilico e oliva.

48. Bombe di grasso al burro di arachidi

INGREDIENTI

- 1/2 TAZZA di olio di cocco
- 1/4 tazza di cacao in polvere
- cucchiaio da tavola. PB Fit Cipria
- cucchiaio da tavola. Semi di canapa sgusciati
- 2 cucchiai. Crema pesante
- 1 cucchiaino. Estratto di vaniglia
- 28 gocce di stevia liquida
- 1/4 di tazza di cocco grattugiato non zuccherato

INDICAZIONI

1. Mescola tutti gli ingredienti secchi con l'olio di cocco. Potrebbe volerci un po 'di lavoro, ma alla fine si trasformerà in una pasta.
2. Aggiungi panna, vaniglia e stevia liquida. Mescolare ancora fino a quando tutto è amalgamato e leggermente cremoso.
3. Misura il cocco grattugiato non zuccherato su un piatto.
4. Stendi le palline usando la mano e poi rotola nella noce di cocco sminuzzata non zuccherata. Adagiare su una teglia ricoperta di carta forno. Mettere in freezer per circa 20 minuti.

49. Barrette di bombe grasse di noci pecan d'acero

INGREDIENTI

- 2 tazze di noci pecan a metà
- 1 tazza di farina di mandorle
- 1/2 tazza di farina di semi di lino dorata
- 1/2 tazza di cocco grattugiato non zuccherato
- 1/2 tazza di olio di cocco
- 1/4 tazza di "sciroppo d'acero"
- 1/4 cucchiaino. Stevia liquida (~ 25 gocce)

INDICAZIONI

1. Misura 2 tazze di metà delle noci pecan e inforna per 6-8 minuti a 350 ° F in forno. Quanto basta per quando iniziano a diventare aromatici.
2. Rimuovere le noci pecan dal forno, quindi aggiungerle a un sacchetto di plastica. Usa un mattarello per schiacciarli a pezzi. Non importa troppo della consistenza,
3. Mescolare gli ingredienti secchi in una ciotola: 1 tazza di farina di mandorle, 1/2 tazza di farina di semi di lino dorata e 1/2 tazza di cocco grattugiato non zuccherato.
4. Aggiungere le noci pecan tritate nella ciotola e mescolare di nuovo.
5. Infine, aggiungi 1/2 tazza di olio di cocco, 1/4 di tazza di "sciroppo d'acero" (ricetta qui) e 1/4 cucchiaino. Stevia liquida. Mescolare bene fino a ottenere un impasto friabile.
6. Premere l'impasto in una pirofila. Sto usando una pirofila 11 × 7 per questo.
7. Cuocere per 20-25 minuti a 350 ° C, o fino a quando i bordi sono leggermente dorati.

8. Sfornare; lasciare raffreddare parzialmente e mettere in frigorifero per almeno 1 ora (per tagliare in modo pulito).
9. Tagliare in 12 fette e rimuovere con una spatola.

50. Bombe di pancetta al formaggio

INGREDIENTI

- 3 oz. Formaggio mozzarella
- cucchiaio da tavola. Farina di mandorle
- cucchiaio da tavola. Burro, sciolto
- 3 cucchiai. Buccia di psillio in polvere
- 1 uovo grande
- 1/4 cucchiaino. sale
- 1/4 cucchiaino. Pepe nero macinato fresco
- 1/8 cucchiaino. Polvere d'aglio
- 1/8 cucchiaino. Cipolla in polvere
- fette di pancetta
- 1 tazza di olio, strutto o sego (per friggere)

INDICAZIONI

1. Aggiungi 4 once. (metà) Mozzarella in una ciotola.
2. Microonde 4 cucchiai. burro per 15-20 secondi o fino a quando non si sarà sciolto completamente.
3. Forno a microonde formaggio per 45-60 secondi fino a quando non si scioglie e diventa appiccicoso (dovrebbe essere un
4. Aggiungere 1 uovo e il burro al composto e mescolare bene.
5. Aggiungi 4 cucchiai. farina di mandorle, 3 cucchiai. Buccia di psillio e il resto delle spezie nella miscela (1/4 cucchiaino di sale, 1/4 cucchiaino di pepe nero macinato fresco, 1/8 cucchiaino di aglio in polvere e 1/8 cucchiaino di cipolla in polvere).

6. Mescola tutto insieme e versalo su un silpat. Stendete la pasta o con le mani formate un rettangolo.
7. Distribuire il resto del formaggio su metà dell'impasto e ripiegare l'impasto nel senso della lunghezza.
8. Ripiegate nuovamente l'impasto verticalmente in modo da formare una forma quadrata.
9. Crimpare i bordi con le dita e premere insieme l'impasto fino a formare un rettangolo. Vuoi che il ripieno sia stretto all'interno.
10. Usando un coltello, taglia la pasta in 20 quadrati.
11. Taglia a metà ogni fetta di pancetta, quindi adagia il quadrato all'estremità di 1 pezzo di pancetta.
12. Arrotolare bene l'impasto nella pancetta fino a quando le estremità non si sovrappongono. Puoi "allungare" la pancetta se necessario prima di arrotolare.
13. Usa uno stuzzicadenti per fissare la pancetta dopo averla arrotolata.
14. Fallo per ogni pezzo di pasta che hai. Alla fine avrai 20 bombe di pancetta al formaggio.
15. Riscalda l'olio, lo strutto o il sego a 350-375 ° F e poi friggi le bombe di pancetta al formaggio 3 o 4 pezzi alla volta.

51. Pancetta al caramello Fat Pop

INGREDIENTI
- Cake Pops Al Bacon D'acero
- 6 Oz. Hamburger Affumicatoio Country Bacon
- 5 uova grandi, separate da 1/4 di tazza di sciroppo d'acero (ricetta qui)
- 1/2 cucchiaino. Estratto di vaniglia 1/4 di tazza ORA Erythritol 1/4 cucchiaino. Stevia liquida
- 1 tazza di farina di mandorle Honeyville
- 2 cucchiai. Buccia di psillio in polvere
- 1 cucchiaino. Lievito in polvere
- 2 cucchiai. Burro
- 1/2 cucchiaino. Crema di Tartaro
- Glassa al caramello salato 5 cucchiai. Burro
- 5 cucchiai. Crema pesante
- 2 1/2 cucchiai. Caramello Salato Senza Zucchero Torani

INDICAZIONI
1. Affetta 6 Oz. Burgers 'Smokehouse Country Bacon in piccoli pezzi.
2. Congelare la pancetta per 30 minuti prima o usare le forbici normalmente aiuta in questo processo.
3. Riscaldare una padella a fuoco medio-alto e cuocere la pancetta fino a renderla croccante.
4. Una volta croccante, togliete la pancetta dalla padella e lasciate asciugare su carta assorbente. Conserva il grasso di pancetta in eccesso per soffriggere le verdure o altre carni.
5. Preriscaldare il forno a 325F. In 2 ciotole separate, separare i tuorli d'uovo dagli albumi di 5 uova grandi.

6. Nella ciotola con i tuorli d'uovo, aggiungi 1/4 di tazza di sciroppo d'acero (ricetta qui), 1/4 di tazza di eritritolo, 1/4 cucchiaino. stevia liquida e 1/2 cucchiaino. estratto di vaniglia.
7. Usando uno sbattitore a mano, mescola insieme per circa 2 minuti. I tuorli d'uovo dovrebbero diventare di colore più chiaro.
8. Aggiungere 1 tazza di farina di mandorle Honeyville, 2 cucchiai. Buccia di psillio in polvere, 2 cucchiai. burro e 1 cucchiaino. lievito in polvere.
9. Mescola di nuovo fino a formare una pastella densa.
10. Lavare le fruste dello sbattitore a mano nel lavandino per assicurarsi che tutte le tracce di grasso vengano rimosse dalle fruste.
11. Aggiungi 1/2 cucchiaino. cremor tartaro agli albumi.
12. Montare gli albumi con uno sbattitore a mano fino a formare picchi solidi.
13. Aggiungere 2/3 di pancetta croccante alla pastella per cake pop.
14. Aggiungere circa 1/3 degli albumi alla pastella e mescolare in modo aggressivo.

CONCLUSIONE

Proteine e grassi sono macronutrienti fondamentali che supportano tutte le strutture vitali del tuo corpo. Estrarre il dessert perfetto dallo scaffale del negozio è una sfida. Non è facile trovare un Dessert che sia nutriente e sano allo stesso tempo mentre contiene i tuoi ingredienti preferiti.

Se sei un fan di queste prelibatezze decadenti ma hai paura di nutrirti di conservanti e zucchero in eccesso, allora questo libro di cucina fai-da-te è la tua risorsa senza sensi di colpa. Con una selezione di ricette ricche di proteine e ricche di grassi, non ti annoierai mai.

Le ricette fai-da-te stampate in questo libro di cucina sono uniche nel loro genere, ognuna delle quali illustra una diversa fusione di sapori e ingredienti. Il vantaggio delle ricette fatte in casa è che sono piene di ingredienti biologici e i sapori sono bilanciati in base alle tue papille gustative.

Una volta che sei abituato all'arte di preparare i tuoi dolci, non si torna indietro. Non solo l'esperienza sarà emozionante, ma adotterai anche uno stile di vita sano.